W0418047

NOLANE

MOLINARI

LES TIGRES VOLANTS

T.4

ÉTOILE ROUGE

Couleurs : Jean-Marc Wesolowski

soleil

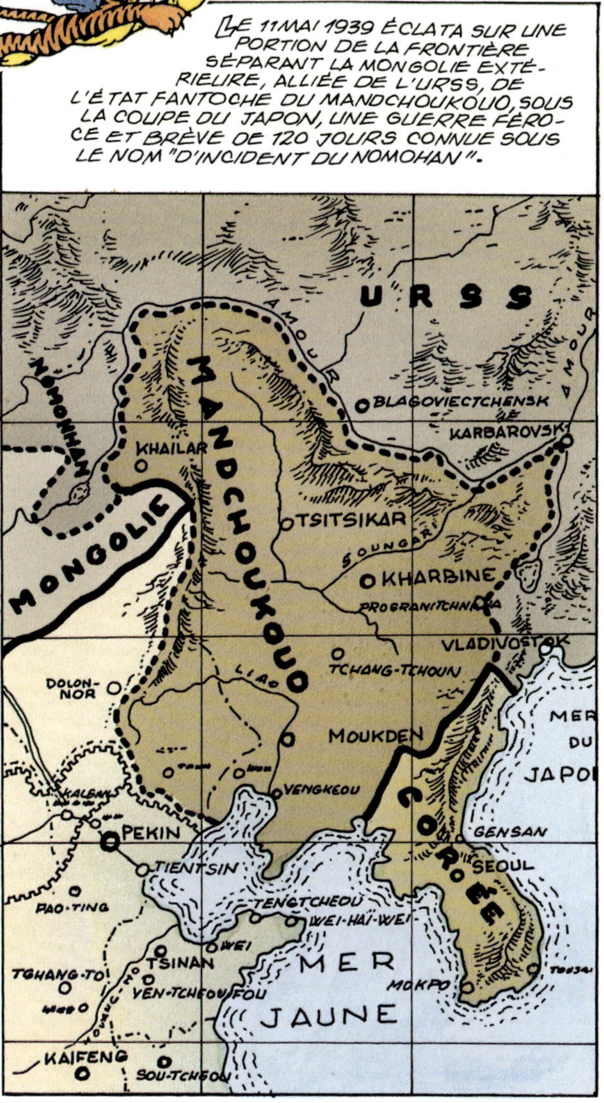
LE 11 MAI 1939 ÉCLATA SUR UNE PORTION DE LA FRONTIÈRE SÉPARANT LA MONGOLIE EXTÉRIEURE, ALLIÉE DE L'URSS, DE L'ÉTAT FANTOCHE DU MANDCHOUKOUO, SOUS LA COUPE DU JAPON, UNE GUERRE FÉROCE ET BRÈVE DE 120 JOURS CONNUE SOUS LE NOM "D'INCIDENT DU NOMOHAN".
URSS
NOMOHAN
MANDCHOUKOUO
MONGOLIE
AMOUR
BLAGOVIECTCHENSK
KARBAROVSK
KHAILAR
TSITSIKAR
SOUNGARI
KHARBINE
PROGRANITCHNAIA
VLADIVOSTOK
LIAO
TCHANG-TCHOUN
DOLON-NOR
MOUKDEN
MER DU JAPON
YENGKEOU
KALGAN
CORÉE
PEKIN
GENSAN
TIENTSIN
SEOUL
PAO-TING
TENGTCHEOU
WEI-HAI-WEI
WEI
TSINAN
MER JAUNE
TCHANG-TO
YEN-TCHEOU FOU
MOKPO
KAIFENG
SOU-TCHEOU

SI L'AVIATION JAPONAISE CONSERVA JUSQU'AU BOUT LA SUPÉRIORITÉ SUR CELLE DES SOVIÉTIQUES...

... LES FORCES TERRESTRES DE STALINE ÉCRASÈRENT EN FIN DE COMPTE CELLES DU JAPON, JUSTE AVANT LA SIGNATURE DE LA PAIX, LE 16 SEPTEMBRE 1939.
1

MAIS QUELQUES JOURS PLUS TÔT, ALORS QU'UNE ESCADRILLE DE BOMBARDIERS "TUPOLEV SB-2" SURVOLAIT LE PLATEAU DU NOMOHAN...
...SOUS LA PROTECTION DES "POLIKARPOV I-15" DU MAJOR BORIS KERENKO...
KERENKO À TOUT LE MONDE : ATTENTION, ILS ARRIVENT DANS LE SOLEIL !
... ELLE FUT INTERCEPTÉE PAR UNE FORMATION DE NAKAJIMA "KI-27"...
BANZAÏ ! PAS DE QUARTIER !!
2

UN PREMIER "SB-2" NE TARDE PAS À EXPLOSER...
... ALORS QUE LES PETITS "I-15" SE LANCENT DANS UN COMBAT TOURNOYANT...
TOI, JE TE TIENS !
CE SALAUD M'A EU !
BLESSÉ, LE MAJOR KERENKO SAUTE JUSTE À TEMPS...
BON SANG ! JE SAIGNE DE PARTOUT... AHHHHH...
3

MI-JANVIER 1942. LE JOUR S'EST LEVÉ SUR TCHOUNG-KING, CAPITALE PROVISOIRE DU GOUVERNEMENT NATIONALISTE DE TCHANG-KAÏ-SHEK EN LUTTE CONTRE LES ENVAHISSEURS JAPONAIS.
JE VEUX VOIR LE CHEF DES AVIATEURS ÉTRANGERS!
IMPOSSIBLE! IL NE VEUT PAS ÊTRE DÉRANGÉ!
QUAND SES AVIATEURS RAVAGENT MON ÉTABLISSEMENT, ILS SE MOQUENT DE ME DÉRANGER OU PAS! DIS-LUI QUE JE SUIS UN AMI DU GÉNÉRAL HAN!
AH, JE VOIS... ATTENDEZ ICI, JE VAIS ME RENSEIGNER.
DANS LA CHAMBRE DE SCOTT CANNON...
MONSIEUR, UN AMI DU GÉNÉRAL HAN DÉSIRE VOUS PARLER TOUT DE SUITE.
BON SANG, À CETTE HEURE-CI? QUI C'EST?
JE CROIS QUE C'EST LE PROPRIÉTAIRE DES MILLE DÉLICES DU GRAND FLEUVE. IL A L'AIR TRÈS EXCITÉ...
J'ARRIVE!!... CONDUIS-LE À MON BUREAU.
LES MILLE DÉLICES DU GRAND FLEUVE... QU'EST-CE QUE CES ABRUTIS ONT ENCORE FAIT DANS CE BOUGE?
BONJOUR! VOUS VOULIEZ ME VOIR?
OUI. JE SUIS CHUAN KUO-FAN ET JE SUIS VENU DEMANDER RÉPARATION POUR LA CONDUITE INQUALIFIABLE DE VOS MILITAIRES BLANCS CHEZ MOI. ILS SE SONT BATTUS AVEC DES SOLDATS CHINOIS ET ONT TOUT DÉTRUIT DANS...
MISTER CHUAN, ALLEZ DONC VOIR VOTRE AMI LE GÉNÉRAL HAN POUR RÉGLER TOUT ÇA. JE VAIS REMONTER LES BRETELLES À MES GARS. MAIS N'OUBLIEZ PAS QUE SANS EUX, C'EST LES BOMBES DES JAPS QUI AURAIENT DÉVASTÉ VOTRE ÉTABLISSEMENT...
4

PEUT-ÊTRE, MAIS LES BOMBES, ELLES, ELLES N'AURAIENT PAS VOLÉ TROIS CAISSES DE WHISKY! CES BOUTEILLES M'ONT COÛTÉ UNE FORTUNE!
D'ACCORD, JE VAIS VOIR ÇA. ET MAINTENANT, SI VOUS LE VOULEZ BIEN, J'AI BEAUCOUP À FAIRE...
VOUS PRENEZ CETTE HISTOIRE À LA LÉGÈRE ET J'EN AVERTIRAI LE GÉNÉRAL HAN...
UN AVION INCONNU APPROCHE DE LA VILLE!
ÇA, C'EST SÉRIEUX!
...C'EST SCANDALEUX DE ME TRAITER...
ALLEZ CHERCHER WOO ET BENFORD ET DITES-LEUR DE SE TENIR PRÊTS À DÉCOLLER!
À VOS ORDRES!
UN INSTANT PLUS TARD...
QU'EST-CE QUE C'EST QUE CETTE HISTOIRE D'AVION?
IL A ÉTÉ REPÉRÉ PAR LE RÉSEAU DE GUET À DEUX CENTS KILOMÈTRES AU NORD. IL SE DIRIGE DROIT SUR NOUS.
BIZARRE POUR UN JAPONAIS!
BON DIEU! POURQUOI ÇA TOMBE TOUJOURS SUR NOUS?
PARCE QU'ON A EU LA MAUVAISE IDÉE D'ÊTRE LES SEULS À NE PAS ÊTRE ALLÉS FAIRE LA BRINGUE HIER SOIR, VOILÀ TOUT...
...ICI CANNON. OBJECTIF DROIT AU NORD. VOUS DEVRIEZ L'INTERCEPTER AU-DESSUS DE NANCHONG. LES GUETTEURS PARLENT D'UN GROS ZINC EN SOLO.
OK, ON Y VA. PENSE À RÉVEILLER LES AUTRES AU CAS OÙ ON AURAIT BESOIN D'UN COUP DE MAIN...
5

UN PEU PLUS TARD, NON LOIN DE NANCHONG...
NOUS APPROCHONS DE TCHOUNG-KING, CAMARADE COLONEL...
ALORS, ON NE DEVRAIT PAS TARDER À VOIR ARRIVER CES FAMEUX MERCENAIRES AMÉRICAINS !
HÉ, HARRY ! LÀ-BAS À TREIZE HEURES ! C'EST SÛREMENT NOTRE OISEAU !
TU PARLES D'UN MONSTRE... RIEN À VOIR AVEC LES JAPS, EN TOUT CAS !
ET AUCUNE MARQUE D'IDENTIFICATION... JE VAIS ESSAYER DE LES CONTACTER.
LES DÉS SONT JETÉS, CAMARADES... LAISSONS-LES TROUVER NOTRE FRÉQUENCE.
6

ÇA Y EST ! JE LES AI ! AVION NON-IDENTIFIÉ, RÉPONDEZ ! JE RÉPÈTE... RÉPONDEZ !
MESSAGE BIEN REÇU. NOUS SOMMES DES AMIS VENUS DE LOIN ET JE DOIS IMPÉRATIVEMENT RENCONTRER LE GÉNÉRALISSIME TCHANG KAÏ-SHEK. POUVEZ-VOUS NOUS CONDUIRE JUSQU'À LUI ?
IDENTIFIEZ-VOUS !
JE REGRETTE MAIS J'AI ORDRE DE TAIRE CETTE INFORMATION TANT QUE JE NE SERAI PAS À TCHONG-KING. JE NE VOUDRAIS PAS QU'ELLE TOMBE DANS DES OREILLES ENNEMIES...
ON VA PRÉVENIR SCOTT !
OUI ! JE SUIS SÛR QUE CE SONT DES RUSSES. LE TYPE A UN LÉGER ACCENT MAIS QUI NE TROMPE PAS...
À TCHONG-KING...
JE VIENS DE JOINDRE CHENNAULT. D'APRÈS LA DESCRIPTION, IL PENSE QUE L'AVION EST UN BOMBARDIER TUPOLEV TB 3. IL EST OK POUR LE LAISSER SE POSER MAIS À LA MOINDRE ALERTE, VOUS LE DESCENDEZ, COMPRIS ? JE VOUS ENVOIE DU RENFORT.
ET C'EST REPARTI ! QUAND C'EST PAS LES JAPS, C'EST LES CHINOIS ET QUAND...
MAIS HEUREUSEMENT QU'IL Y A LES CHINOISES DES "MILLE DÉLICES DU GRAND FLEUVE", HEIN ? ALLEZ, ALLONS ACCUEILLIR CET EMMERDEUR QUI NOUS ARRIVE DE JE NE SAIS OÙ !
7

LE TUPOLEV NE TARDE PAS À SE PRÉSENTER À L'ATTERRISSAGE...
ET PAS DE BLAGUES, HEIN ? JE PEUX VOUS FAIRE TRANSFORMER EN PUZZLE EN TROIS SECONDES !
N'AYEZ CRAINTE, NOUS N'AVONS PAS FAIT TOUT CE VOYAGE POUR ÇA !
BONJOUR, JE SUIS SCOTT CANNON ET JE COMMANDE POUR L'INSTANT LA CHASSE CHINOISE DE CETTE BASE. DÉSOLÉ, MAIS LE GÉNÉRAL CHENNAULT EST À KUNMING EN CE MOMENT.
COLONEL ANDREÏ AVINSKY DE L'ARMÉE ROUGE. SACHEZ QUE VOS EXPLOITS ONT DÉJÀ ATTEINT LE KREMLIN ET JE SUIS D'AILLEURS CHARGÉ PAR LE CAMARADE STALINE LUI-MÊME DE VOUS FÉLICITER POUR LE COMBAT QUE VOUS MENEZ AVEC TANT DE BRIO !
VOUS VENEZ DE L'URSS ! C'EST AIMABLE D'AVOIR FAIT CES MILLIERS DE KILOMÈTRES POUR NOUS APPORTER LES FÉLICITATIONS DE VOTRE PETIT PÈRE DES PEUPLES... ET DANS UN ANGLAIS SI PARFAIT.
À VRAI DIRE, JE SUIS VENU VOIR TCHANG KAÏ-SHEK POUR UNE AFFAIRE DE LA PLUS HAUTE IMPORTANCE. JE COMPTE SUR VOUS, CANNON. AH OUI, J'AI DIX HOMMES EN DEHORS DE L'ÉQUIPAGE À BORD. JE CROIS QU'ILS APPRÉCIERAIENT UN BON REPAS ET UN BON LIT...
EH BIEN, ILS ONT L'AIR PRESSÉS...
LE SAGE NE DIT-IL PAS QUE MÊME LES OISEAUX NE TRAVERSENT PAS L'EMPIRE POUR RIEN ?
J'ESPÈRE QUE LE GÉNÉRALISSIME SERA DISPONIBLE...
QUAND IL SAURA POURQUOI JE VIENS, JE SUIS CERTAIN QU'IL TROUVERA QUELQUES INSTANTS À M'ACCORDER !
8

NOUS VOILÀ ARRIVÉS, COLONEL. AH, JE VOIS QUE LE GÉNÉRAL HAN NOUS A DEVANCÉS...
LE GÉNÉRAL HAN?
C'EST LE COMMANDANT DE L'AÉRODROME. C'EST UN PEU COMME UNE ARMÉE MEXICAINE ICI: TOUT LE MONDE EST LE CHEF DE QUELQUE CHOSE...
245
02
...ET JE SENS QUE CE GROS TAS VA FAIRE UNE ATTAQUE, PARCE QUE JE NE L'AI PAS PRÉVENU DE CETTE HISTOIRE AVEC LES SOVIETS.
SCOTT NE S'ÉTAIT PAS TROMPÉ...
MISTER CANNON! J'AVAIS JUSTEMENT DEUX MOTS À VOUS DIRE.
JE SUIS DÉSOLÉ, GÉNÉRAL, MAIS C'ÉTAIT UNE SITUATION EXTRÊMEMENT URGENTE ET JE N'AI PAS PU...
JE VEUX QUE VOS AVIATEURS RÉPARENT LE TORT QU'ILS ONT FAIT À MON EXCELLENT AMI CHUAN KUO-FAN, VOUS M'ENTENDEZ? ET JE VEUX VOUS VOIR DÈS QUE J'AURAI PARLÉ À NOTRE GÉNÉRALISSIME!
D'ACCORD, GÉNÉRAL, D'ACCORD!
HUM... NOUS ALLONS DEVOIR ATTENDRE, N'EST-CE PAS?
COLONEL, JE CROIS QU'IL VAUT MIEUX NE PAS FROISSER HAN. IL FAIT PARTIE DE CES GRADÉS QUI N'APPRÉCIENT GUÈRE QUE CHENNAULT AIT DÉMONTRÉ QUE L'AVIATION CHINOISE NE VALAIT RIEN. TOUT LE MONDE N'A PAS LA CERVELLE DE MADAME SOONG ICI...
AVG
QUI EST MADAME SOONG?
LA FEMME DU GÉNÉRALISSIME. C'EST ELLE QUI COMMANDE EN RÉALITÉ L'AVIATION NATIONALISTE. BELLE, RUSÉE, INTELLIGENTE ET, COMME SON ÉPOUX, DE MÈCHE AVEC LES TRIADES. CHENNAULT L'ADMIRE AUTANT QU'IL LA DÉTESTE!
UN QUART D'HEURE PLUS TARD...
N'OUBLIEZ PAS, MISTER CANNON!...
...GÉNÉRALISSIME ATTENDRE VOUS!
BIEN SÛR QUE NON MON AMI...
S. CANNON
9

MISTER CANNON? SAVEZ-VOUS QUE CHAQUE FOIS QUE JE REGARDE LE CIEL AU-DESSUS DE NOTRE VILLE, JE BÉNIS MA BIEN-AIMÉE ÉPOUSE D'AVOIR FAIT APPEL À NOTRE GRAND AMI CHENNAULT? MON CHEF DE CABINET M'A DIT QUE VOUS DÉSIRIEZ ME VOIR POUR UNE AFFAIRE URGENTE. JE SUIS TRÈS PRIS, COMME VOUS LE SAVEZ, MAIS J'AI TOUJOURS UN PEU DE TEMPS POUR MES CHERS TIGRES VOLANTS. ALORS?
TU PARLES, CHARLES!
GÉNÉRALISSIME, PERMETTEZ-MOI DE VOUS PRÉSENTER LE COLONEL ANDREI AVINSKY DE... L'ARMÉE ROUGE. IL VIENT D'ARRIVER PAR AVION.
DE L'ARMÉE ROUGE?!!!
JE SUIS VENU VOUS APPORTER LES COMPLIMENTS DE NOTRE CHEF JOSEF STALINE, QUI DÉSIRE VOUS PROPOSER UN MARCHÉ FRUCTUEUX POUR NOS DEUX NATIONS EN GUERRE CONTRE LES FASCISTES!
VOS PAROLES SONT DU LAIT PARFUMÉ, COLONEL, MAIS JE PRÉFÉRERAIS QUE LE CAMARADE STALINE ENVOIE PLUTÔT QUELQUES DIVISIONS CONTRE LES CHIENS PUANTS DU MIKADO...
LES NAZIS IMMOBILISENT TOUTES NOS FORCES, GÉNÉRALISSIME. MAIS LE MARCHÉ POUR LEQUEL J'AI FAIT UN SI LONG ET DANGEREUX VOYAGE EN SECRET POURRAIT VOUS AIDER DANS VOTRE HÉROÏQUE LUTTE!
AH OUI? ET COMMENT?
J'AI POUR MISSION DE VOUS PROPOSER CENT KILOS D'OR EN LINGOTS, CONTRE, DISONS, UN PETIT SERVICE QUI TIENT À COEUR AU CAMARADE JOSEF STALINE...
POUR CE PRIX-LÀ, NOTRE AMI TCHANG SERAIT CAPABLE D'EMBRASSER LE DERRIÈRE DE MAO...
MON ARMÉE MANQUE CRUELLEMENT DE MOYENS ET CE SERAIT UNE MANNE EN EFFET. ALORS, AYEZ, JE VOUS PRIE L'AMABILITÉ DE ME DIRE CE QUE JE POURRAIS FAIRE POUR ÊTRE AGRÉABLE AU CAMARADE STALINE?
NOUS AVONS APPRIS QU'UN HÉROS DE NOTRE PAYS PRÉSUMÉ MORT ÉTAIT RETENU PRISONNIER PAR LES JAPONAIS DEPUIS L'INCIDENT DU NOMOHAN. LE MAJOR BORIS KERENKO A ÉTÉ DÉCORÉ À TITRE POSTHUME DE L'ORDRE DE L'UNION SOVIÉTIQUE ET MAINTENANT JOSEF STALINE DÉSIRE QUE VOUS L'AIDIEZ À LE FAIRE REVENIR AU PAYS!
10

VOUS VOULEZ DIRE QUE NOUS DEVRIONS ALLER LE DÉLIVRER ?
OUI, GÉNÉRALISSIME. COMME JE VOUS L'AI DIT, NOTRE PAYS NE PEUT SE PERMETTRE DE DÉCLENCHER UN INCIDENT AVEC LES JAPONAIS EN INTERVENANT DIRECTEMENT. UN SECOND FRONT NOUS SERAIT FATAL. J'AI ICI LES ÉLÉMENTS DE NOTRE PLAN.
JE VOIS... COLONEL, ACCEPTEZ DONC DE PARTAGER MON MODESTE REPAS POUR QUE NOUS PUISSIONS DISCUTER DE TOUT ÇA. QUANT À VOUS, MISTER CANNON, JE VOUS REMERCIE D'AVOIR FAIT PREUVE DE TANT DE DILIGENCE. QUE FERIONS-NOUS SANS NOS AMIS AMÉRICAINS ?!!
JE VOUS LAISSE. MES RESPECTS, GÉNÉRALISSIME. ET JE M'OCCUPE DE VOS HOMMES, COLONEL...
À TRÈS BIENTÔT, SOYEZ EN SÛR, CANNON !
MON PETIT SCOTT, DIS-MOI COMBIEN DE PAUVRES TYPES VONT ENCORE SE FAIRE TROUER LA PEAU POUR LE BONHEUR DES COMPTES À L'ÉTRANGER DE TCHANG, HEIN ?
CENT KILOS D'OR POUR RÉCUPÉRER UN HÉROS DE L'UNION SOVIÉTIQUE ! MAIS, QUI VA CROIRE ÇA...
...MISTER CANNON, GÉNÉRAL HAN VEUT VOIR VOUS APRÈS...
OUI, JE SAIS ! BON SANG, MAIS ÇA TOURNE À L'OBSESSION !
11

SERGENT, OCCUPEZ-VOUS DE TROUVER UN BARAQUEMENT POUR LES TYPES DE L'AVION QUI VIENT D'ARRIVER. ET, ASSUREZ-VOUS QU'ILS N'AIENT AUCUN CONTACT AVEC QUI CE SOIT ! J'INSISTE !!
OUI SIR !
ET MAINTENANT, ON VA VOIR CETTE HISTOIRE DE BAGARRE...
HÉ, SCOTT ! QU'EST-CE QUE C'EST QUE CE ZINC QUI S'EST POSÉ TOUT À L'HEURE ?
PLUS TARD !
ON Y EST POUR RIEN, SCOTT ! C'EST UNE BANDE DE SOLDATS CHINOIS QUI NOUS SONT TOMBÉS DESSUS COMME DES SAUVAGES !
ET CES FICHUES CAISSES DE WHISKY, HEIN ?
PARCE QUE TU CROIS QU'ON A EU LE TEMPS D'ALLER VISITER LA CAVE DE CET IMBÉCILE ?
PRENDS ÇA !
ONK !
UN PEU PLUS TARD, DANS LE BUREAU DU GÉNÉRAL HAN...
... ET MES HOMMES N'ONT RIEN À VOIR AVEC CE VOL. VOILÀ !
CES BOUTEILLES SE SONT DONC ENVOLÉES PAR MIRACLE, MISTER CANNON ! JE VAIS FAIRE MON ENQUÊTE ET SI JAMAIS JE...
MAIS, SOUDAIN...
UN MESSAGE DU GÉNÉRALISSIME, GÉNÉRAL. POUR VOTRE AMI AMÉRICAIN...
IL POUVAIT PAS MIEUX TOMBER !
12

JE TE SENS DE BONNE HUMEUR, SCOTT...
TCHANG N'ARRIVE PAS À JOINDRE CHENNAULT ET ME DEMANDE DE LE FAIRE. ET JE SUIS PRÊT À PARIER QUE C'EST POUR NOUS COLLER DANS LE PÉTRIN !
MISTER CANNON, QUEL...
APPELEZ-MOI CHENNAULT, SUR CETTE FRÉQUENCE SPÉCIALE ! VITE...
LOIN DE LÀ. AU-DESSUS DU YUNNAN, UN C-46 EMMÈNE LE GÉNÉRAL CHENNAULT EN TOURNÉE...
SCOTT ? QUE SE PASSE-T-IL ?
TCHANG VOUS COURT APRÈS, GÉNÉRAL. ET J'AI BIEN PEUR DE SAVOIR POURQUOI. TOUT À L'HEURE...
QUOI ?!! DES ROUGES ICI ? ILS PEUVENT TOUJOURS ALLER SE FAIRE VOIR !!!
IL VA FALLOIR EXPLIQUER ÇA À TCHANG, GÉNÉRAL. JE SUIS CERTAIN QU'IL VEUT DEMANDER AUX TIGRES VOLANTS D'AIDER AVINSKY !
JE DONNE VOTRE FRÉQUENCE À TCHANG, GÉNÉRAL ?
NON !! DITES-LUI SIMPLEMENT QUE J'ARRIVE ! BON SANG !!
13

EN FIN D'APRÈS-MIDI, LE C-46 SE POSE ENFIN À TCHOUNG-KING.
BIENVENUE DANS LE PANIER DE CRABES, GÉNÉRAL...
ILS VONT VOIR DE QUEL BOIS JE ME CHAUFFE !
BONJOUR GÉNÉRAL.
AH, IL A ENVOYÉ LA LIMOUSINE ! MAUVAIS SIGNE !
TRÈS CHER AMI, IL S'AGIT D'UNE AFFAIRE DE LA PLUS HAUTE IMPORTANCE ! L'AMITIÉ DU GRAND STALINE EST VITALE POUR LA CHINE !
MES HOMMES NE SONT PAS LÀ POUR ALLER JOUER LES COMMANDOS SUICIDE !
MAIS LE PROBLÈME EST QU'IL N'Y A QUE LES FAMEUX TIGRES-VOLANTS POUR RÉUSSIR CETTE OPÉRATION...
SACHEZ, COLONEL QUE JE RESTE OPPOSÉ À CETTE MISSION, MAIS...
...MAIS C'EST TOUJOURS TCHANG QUI A LE DERNIER MOT. SI ÇA PEUT VOUS CONSOLER, DITES-VOUS QUE STALINE VOUS AURAIT EXPÉDIÉ EN CAMP RIEN QUE POUR AVOIR DISCUTÉ !...
ALORS ?
VOUS AVIEZ RAISON. J'AI DÛ PLIER DEVANT LE POGNON ET LA POLITIQUE ! BON, VOILÀ CE QUE VOUS ALLEZ FAIRE CE SOIR DÈS QUE LES ROUGES SERONT RÉUNIS POUR LE BRIEFING QUE J'AI PROPOSÉ À CE AVINSKY...
MESSIEURS, NOUS ALLONS COMMENCER SANS CANNON, QUI NOUS REJOINDRA PLUS TARD. JE VAIS VOUS DONNER POUR COMMENCER, QUELQUES INDICATIONS SUR LA VIE QUE NOUS MENONS ICI...
14

ÇA NE FERA PAS DE VOUS DE VÉRITABLES TIGRES-VOLANTS MAIS VOUS POURREZ FAIRE ILLUSION AU CAS OÙ...
SUR LE TERRAIN...
QUI VA LÀ ?
C'EST MOI, FENG !
VOUS POUVEZ Y ALLER, MISTER CANNON !!
ET VOILÀ... AUCUNE SERRURE NE RÉSISTE À UN BON PASSE ! MAIS... QU'EST-CE QUE C'EST QUE CE TRUC ?
C'EST BIEN CE QUE JE PENSAIS. UNE INSTALLATION RADIO SPÉCIALE... ET ON DIRAIT QUE LES SOVIETS ONT LAISSÉ AFFICHÉE LA FRÉQUENCE...
VOUS N'AVEZ VU PERSONNE, COMPRIS ?
OUI. ET POUR...
LE GÉNÉRAL EST D'ACCORD POUR LA MUTATION DE VOS FRÈRES...
ME VOILÀ, GÉNÉRAL. MISSION ACCOMPLIE !
CAMARADES, NOTRE PLAN CONSISTE À ALLER CHERCHER LE MAJOR KARENKO SUR LA BASE DE WUDEI EN ZONE OCCUPÉE. UNE PETITE BASE DONT LES TIGRES-VOLANTS SE DÉBARRASSERONT AISÉMENT DES AVIONS DE DÉFENSE. ENSUITE...
15

AISÉMENT ? À AU MOINS UN CONTRE DEUX ? LA CONFIANCE QUE VOUS AVEZ DANS LES TIGRES VOLANTS VOUS HONORE, COLONEL !
LA BASE DE WUPEI N'EST PROTÉGÉE QUE PAR DES AVIONS DE SECONDE LIGNE. TCHANG-KAÏ-SHEK M'A ASSURÉ QUE CE NE SERAIT QU'UNE FORMALITÉ POUR VOUS !!
CENT KILOS D'OR DE PLUS ET IL LUI AURAIT DIT QUE NOUS ÉTIONS CAPABLES D'ALLER SUR LA LUNE...
LES COMMANDOS VENUS AVEC MOI SERONT DÉPOSÉS SUR LA PISTE POUR ALLER RÉCUPÉRER LE MAJOR. ENSUITE, RETOUR À TCHOUNG-KING !
ET AVEC QUEL AVION ?
J'AVAIS PRÉVU LE TUPOLEV, MAIS CELUI QUI VOUS A AMENÉ FERA MIEUX L'AFFAIRE.
QUOI ?!!
TCHANG M'A LAISSÉ CARTE BLANCHE POUR LE CHOIX DE MON MATÉRIEL...
APRÈS LA FIN DU BRIEFING...
C'EST PAS CROYABLE...
IL Y A TROIS JOURS QUE J'AI REÇU CE NOUVEAU C-46 POUR L'ÉVACUATION ET CE FUMIER DE ROUGE VIENT ME LE PIQUER ! BON SANG, C'EST UN ZINC INCONNU DES JAPS !
CHENNAULT ET SCOTT SONT MAINTENANT SEULS...
VOUS AVEZ TROUVÉ QUELQUE CHOSE, SCOTT ?
OUI. LES SOVIETS ONT UNE RADIO SURPUISSANTE PLANQUÉE DANS LEUR ZINC. ET J'AI TROUVÉ LA FRÉQUENCE. AVEC ÇA, ILS PEUVENT TENIR AU COURANT LE PETIT PÈRE DES PEUPLES !
MAIS L'URSS EST LOIN !
LE TUPOLEV PEUT MONTER TRÈS HAUT. IL A ÉTÉ AMÉNAGÉ POUR ÇA. APRÈS, UNE BONNE INSTALLATION DE RÉCEPTION EN MONGOLIE ET LE TOUR EST JOUÉ !!
16

MAIS PEU APRÈS AVOIR QUITTÉ CHENNAULT...
SCOTT, LES GARS VOUDRAIENT TE MONTRER QUELQUE CHOSE QUI VA T'INTÉRESSER...
ALLONS BON...
QUI C'EST CE TYPE ?
IL DIT QU'IL S'APPELLE BARINE. IL EST VENU PROPOSER DU WHISKY À NOS MÉCANOS PENDANT QU'ON DISCUTAIT AVEC LES SOVIETS. ÇA A INTRIGUÉ LES GARS ET ILS L'ONT UN PEU SECOUÉ. C'EST LUI QUI A PIQUÉ LES CAISSES, HIER SOIR...
BARINE ? C'EST UN NOM RUSSE, NON ?
OUI... JE... JE SUIS EN CHINE DEPUIS 1920 ET...
JE VOUDRAIS PAS ÊTRE À TA PLACE QUAND CE CINGLÉ DE HAN SAURA QUE TU AS VOLÉ SON POTE...
MON DIEU, JE... NON ! JE VOUS EN SUPPLIE, NE ME LIVREZ PAS À HAN !
ÇA NE VA PAS ÊTRE SIMPLE. MAIS SI VOUS RESTITUEZ LES CAISSES... JE SUPPOSE QUE VOUS PARLEZ TOUJOURS LE RUSSE ?
SCOTT ET BARINE ARRIVENT DEVANT LES QUARTIERS RÉSERVÉS À CHENNAULT...
JE DOIS VOIR LE GÉNÉRAL CHENNAULT IMMÉDIATEMENT ! C'EST UNE URGENCE !
MOI LUI DIRE.
VOUS ÊTES SÛR QU'IL VA ACCEPTER ?
DÉSOLÉ, GÉNÉRAL, MAIS ON AVAIT OUBLIÉ UN DÉTAIL AVEC LES SOVIETS. LA TRADUCTION DES COMMUNICATIONS...
ON DIRAIT QUE VOUS AVEZ DÉGOTÉ UN TRADUCTEUR, NON ?...
... BON SANG, SCOTT ! DEUX SOLDATS CHINOIS QUI VEULENT PLANQUER LEURS FRÈRES ET UN VOLEUR RUSSE DANS LA MÊME SOIRÉE ! C'EST PAS LE BUREAU DES MAGOUILLES ICI !
DITES-VOUS JUSTE QUE C'EST POUR LA BONNE CAUSE, GÉNÉRAL. ET QU'ON EST EN CHINE !
17

LE LENDEMAIN MATIN...
UN VOL POUR VÉRIFIER LES MOTEURS À HAUTE ALTITUDE, TU PARLES, CHARLES !
IL EST TEMPS D'ALLER À LA SALLE RADIO. AH, JUSTEMENT, VOILÀ NOTRE AMI BARINE !
J'AI VOTRE PAROLE, MON GÉNÉRAL ?
VOUS TRADUISEZ LES MESSAGES DES ROUGES, VOUS RESTEZ MUET COMME UNE CARPE JUSQU'À LA FIN DE L'HISTOIRE ET HAN NE SAURA RIEN, VU ?
ALLEZ ! FILEZ DEHORS PRENDRE L'AIR JUSQU'À NOUVEL ORDRE !!
JE DONNERAIS CHER POUR SAVOIR CE QUI LES INTÉRESSE TANT CHEZ CE KERENKO ?
ET MOI POUR QUE TCHANG ARRÊTE SES CONNERIES DE DICTACTEUR DE MES DEUX !
* IMPOSSIBLE DE MONTER PLUS HAUT, COLONEL !
SERGUEÏ ?
ON PEUT Y ALLER, COLONEL...
AH, ÇA Y EST ! RADIO-MOSCOU VA ÉMETTRE. À VOUS DE JOUER, BARINE !
18

ICI, CHIEN DE CHASSE. DEMANDE COMMUNICATION AVEC POINT CENTRAL. JE RÉPÈTE...
GREZZZZZ... ZZZ... ICI TRANSFERT... GREZZZZ... ESSAYONS DE CONTACTER POINT CENTRAL... GREEZZZ...
AU NORD, SUR UNE MONTAGNE DÉSOLÉE DE MONGOLIE...
ICI, CHIEN DE CHASSE... GREZZZ... TRAQUE AU RENARD ACCEPTÉE... MEUTE PARTIRA... GREEEZZZ... DEMAIN... RÉPONDEZ, POINT CENTRAL. ZZZZ...
ET ENCORE PLUS LOIN DE LÀ, DANS UN BUREAU DU KREMLIN...
BRAVO, CHIEN DE CHASSE. ET SOUVENEZ-VOUS QUE RENARD EST CAPITAL POUR NOUS ! CAPITAL, VOUS ENTENDEZ ? BONNE CHANCE !
JE CROIS BIEN QUE C'ÉTAIT STALINE...
JE N'EN SAIS RIEN. PAR CONTRE, JE SUIS DE PLUS EN PLUS SÛR QUE KERENKO LES INTÉRESSE POUR FAIRE AUTRE CHOSE QUE LE HÉROS DE PROPAGANDE !
DEPUIS QUE JE L'AI VU, JE SAIS QUE CE BOLCHÉVIQUE D'AVINSKY NOUS PREND POUR DES CONS... ALLEZ DONC LUI FAIRE LA CAUSETTE À SON RETOUR, SCOTT. ET VOUS, DISPARAISSEZ !
ALORS, CES MOTEURS ?
IMPECCABLES. SI VOUS SAVEZ COMME IL ME TARDE DE SERRER NOTRE HÉROS DANS MES BRAS !
TU M'EN DIRAS TANT...
BRIEFING GÉNÉRAL À 15 HEURES. ET N'OUBLIEZ PAS VOS PLANS DE LA BASE JAP.
ÉVIDEMMENT, MISTER CANNON !
19

LE LENDEMAIN MATIN, À L'AUBE...
✱ BON SANG, SI LES JAPS ME LE PLANTENT, ON VA EN ENTENDRE PARLER JUSQUE DANS LE BUREAU DE ROOSEVELT ! FAIRE UN RAID COMMANDO AVEC UN ZINC EN ÉVALUATION ! IL FAUT ÊTRE EN CHINE POUR VOIR ÇA !!!
HONNÊTEMENT, GÉNÉRAL, ÇA VALAIT MIEUX QUE DE PRENDRE LEUR TUPOLEV, MÊME GONFLÉ !
LES AVIONS SE RETROUVENT BIENTÔT AU-DESSUS DES GORGES DU YANG-TSÉ...
LEADER À TOUT LE MONDE : À PARTIR DE MAINTENANT, SILENCE RADIO. ET SI ON APERÇOIT LE MOINDRE JAP, ON REBROUSSE CHEMIN ! C'EST BIEN COMPRIS ?...
72
ET FAITES GAFFE AU PÉTROLE, LES GARS ! JE NE TIENS PAS À RENTRER TOUT SEUL AVEC CES SINGES JAUNES AUX FESSES !!!
APRÈS DEUX BONNES HEURES DE VOL SANS HISTOIRE...
✱ ATTENTION, OBJECTIF EN VUE À ONZE HEURES !
20

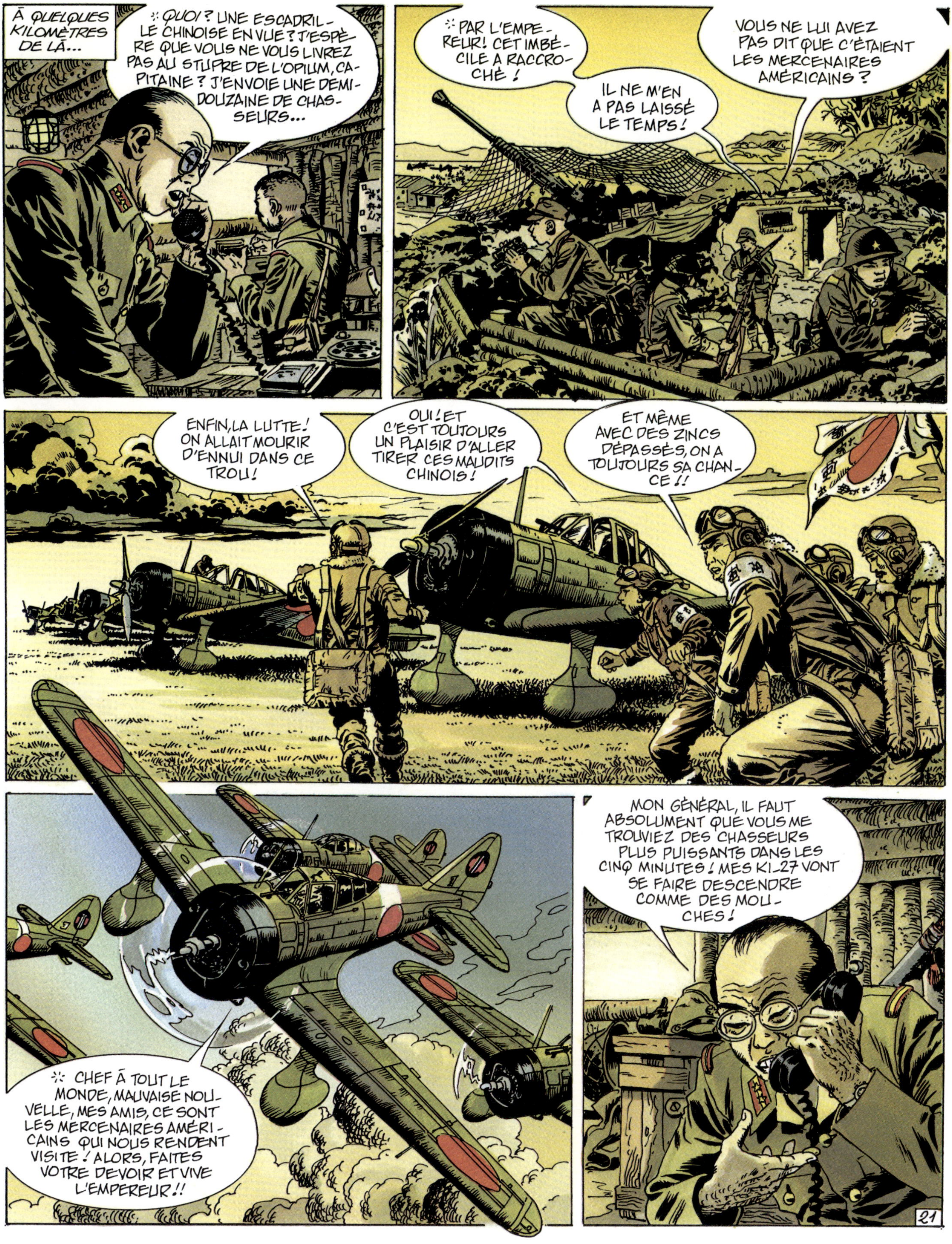
À QUELQUES KILOMÈTRES DE LÀ...
QUOI ? UNE ESCADRILLE CHINOISE EN VUE ? J'ESPÈRE QUE VOUS NE VOUS LIVREZ PAS AU STUPRE DE L'OPIUM, CAPITAINE ? J'ENVOIE UNE DEMI-DOUZAINE DE CHASSEURS...
PAR L'EMPEREUR ! CET IMBÉCILE A RACCROCHÉ !
IL NE M'EN A PAS LAISSÉ LE TEMPS !
VOUS NE LUI AVEZ PAS DIT QUE C'ÉTAIENT LES MERCENAIRES AMÉRICAINS ?
ENFIN, LA LUTTE ! ON ALLAIT MOURIR D'ENNUI DANS CE TROU !
OUI ! ET C'EST TOUJOURS UN PLAISIR D'ALLER TIRER CES MAUDITS CHINOIS !
ET MÊME AVEC DES ZINCS DÉPASSÉS, ON A TOUJOURS SA CHANCE !!
CHEF À TOUT LE MONDE, MAUVAISE NOUVELLE, MES AMIS, CE SONT LES MERCENAIRES AMÉRICAINS QUI NOUS RENDENT VISITE ! ALORS, FAITES VOTRE DEVOIR ET VIVE L'EMPEREUR !!
MON GÉNÉRAL, IL FAUT ABSOLUMENT QUE VOUS ME TROUVIEZ DES CHASSEURS PLUS PUISSANTS DANS LES CINQ MINUTES ! MES KI-27 VONT SE FAIRE DESCENDRE COMME DES MOUCHES !
21

CHANGEZ DE TON, COLONEL ! JE VAIS FAIRE CE QUE JE PEUX. MAIS SACHEZ QU'À TOKYO, PERSONNE NE CROIT À L'INVINCIBILITÉ DE CES MERCENAIRES AMÉRICAINS !
PROPAGANDE STUPIDE ! ILS N'ONT QU'À ESSAYER DE BOMBARDER TCHOUNG-KING, CES CRÉTINS DE TOKYO !!!
CLAC !
ET JE VOUDRAIS BIEN SAVOIR POURQUOI ON VIENT BOMBARDER CETTE FICHUE BASE QUI N'INTÉRESSE PERSONNE Y COMPRIS AU GQG ! ILS SERAIENT MÊME CAPABLES DE TUER LES PRISONNIERS DE CHEZ EUX...
LEADER À BENFORD. PAUL, TU GRIMPES EN SÉCURITÉ, LE TEMPS QU'ON FASSE LE MÉNAGE !
O.K. ! MAIS GROUILLEZ-VOUS CAR LE PÉTROLE N'EST PAS ÉTERNEL !!
PAR LES MÂNES DE MES ANCÊTRES, C'EST UN SUICIDE !
FONCEZ ! VOTRE SEULE CHANCE, C'EST VOTRE MANIABILITÉ !
TOUT VA BIEN, C'EST LE SECOND RAYON QU'ON NOUS ENVOIE. FEU À VOLONTÉ !
22

MON POTE, À CE JEU-LÀ, ON VA VOIR QUI EN A LE PLUS DANS LE PANTALON !
AAA...AG !
BON DIEU... C'ÉTAIT MOINS UNE !!!
LE CHASSEUR JAPONAIS EN PERDITION PLONGE VERS LA BASE ET LE CAMP DE PRISONNIERS...
AH, CE CRÉTIN A FAILLI LIQUIDER KERENKO EN S'ÉCRASANT ! BENFORD, DITES À VOS COPAINS DE S'ÉCARTER DE LA ZONE DE LA BASE !
O.K. !
IL EN A DE BONNES, LE SOVIET ! HÉ, MAIS D'OÙ SORT-IL, CELUI-LÀ ? IL VA FALLOIR QUE JE DÉCROCHE...
23

GÉNÉRAL TA-RAWA À CAPITAINE MATSUCHITA... RÉPONDEZ!!!
ICI MATSUCHI-TA. QUE PUIS-JE POUR VOUS, GÉNÉRAL?
ENTENDU, GÉNÉRAL, NOUS Y ALLONS. MAIS NOUS NE POURRONS PAS RES-TER LONGTEMPS SUR ZONE SANS RISQUER LA PANNE SÈCHE...
VOS EXCUSES NE M'INTÉRESSENT PAS, CAPITAINE! JE VEUX VOUS VOIR DANS CINQ MINUTES AU-DESSUS DE WU-PEI!!
AU-DESSUS DE WUPEI, LES KI-27 SONT LENTEMENT DÉCIMÉS UN À UN...
LOWELL À LEA-DER. J'AI PRIS DES PRUNEAUX DANS MON TRAIN GAUCHE! MERDE, LA ROUE EST EN TRAIN DE SORTIR!
DÉGAGE EN VITESSE! RE-TOUR IMMÉDIAT À LA BASE, COM-PRIS?
OK, BOSS. DÉSOLÉ DE VOUS LÂCHER COM-ME ÇA!
AVEC UNE TRAÎNÉE PAREILLE, SI J'AI ASSEZ DE PÉ-TROLE POUR ARRIVER À TCHOUNG-KING, JE ME FAIS MOI-NE...
24

MAIS UNE MAUVAISE SURPRISE ATTEND LE CHASSEUR BLESSÉ...
HÉ... MAIS... CEUX-LÀ N'ÉTAIENT PAS INVITÉS AU BAL !...
MON PIED EST COINCÉ DANS LE PALONNIER. JE NE PEUX PAS SORTIR...
SEIGNEUR, NON... AAAAAH !
CRASH !
MAY DAY ! LOWELL À TOUT LE MONDE : SIX ZÉRO EN VUE ! ATTENTION, ILS...
CANNON, ICI AVINSKY ! ON NE PEUT PLUS ATTENDRE ! DANS CINQ MINUTES, IL FAUT QU'ON SOIT EN BAS, COMPRIS ?!
FOUTEZ-MOI LA PAIX ! ON A SIX JAPS DE PLUS SUR LE DOS, ET CETTE FOIS... C'EST DU GROS !!
CES SALES RATS ONT EU LOWELL...
IL ÉTAIT TEMPS QU'ON ARRIVE ! BANZAÏ !!
25

LE COMBAT FINAL S'ENGAGE...
MONTEZ POUR LEUR TOMBER ENSUITE DESSUS! ATTENTION, LES BANDITS SONT BIEN PLUS MANIABLES QUE NOUS!
HARRY WOO ABAT SON PREMIER ZÉRO.
ÇA, C'EST POUR LOWELL!!!
JE TE TIENS, MON SALAUD!!
OUF... DE JUSTESSE! LES DIEUX N'ONT PAS VOULU DE...
MAIS LE DESTIN EN DÉCIDE AUTREMENT.
PAR LES MANNES DE MES ANCÊ...
UN P.40 EST TOUCHÉ.
PAS DE POT, MON PETIT HANCOCK, SI TU RATES LE ZINC DES SOVIETS, TU ES BON POUR RENTRER À PIED...
26

AU MOINS DEUX CENTS MÈTRES À DÉCOUVERT... ÇA NE VA PAS ÊTRE DE LA TARTE ...
ET VOILÀ, PREMIÈRE PARTIE DE LA MISSION ACCOMPLIE !
QUANT À CE DERNIER, LÀ-BAS, IL A DU PLOMB DANS L'AILE ! IL N'IRA PAS LOIN !!
DANS LE C-46.
C'EST À VOUS DE JOUER, AVINSKY !
COMPRIS, ON ARRIVE ! CE N'EST PAS TROP TÔT !!
MERDE ! CE CON VIENT DE SE CRASHER SUR LA PISTE ! JE DÉGAGE !
CRIIIIIISSH...
HORS DE QUESTION ! ON NE PEUT PLUS RECULER ! VOUS N'AVEZ QU'À PASSER À CÔTÉ DE L'ÉPAVE !
O.K, MAIS...
...ON VA SE TUER !!!
27

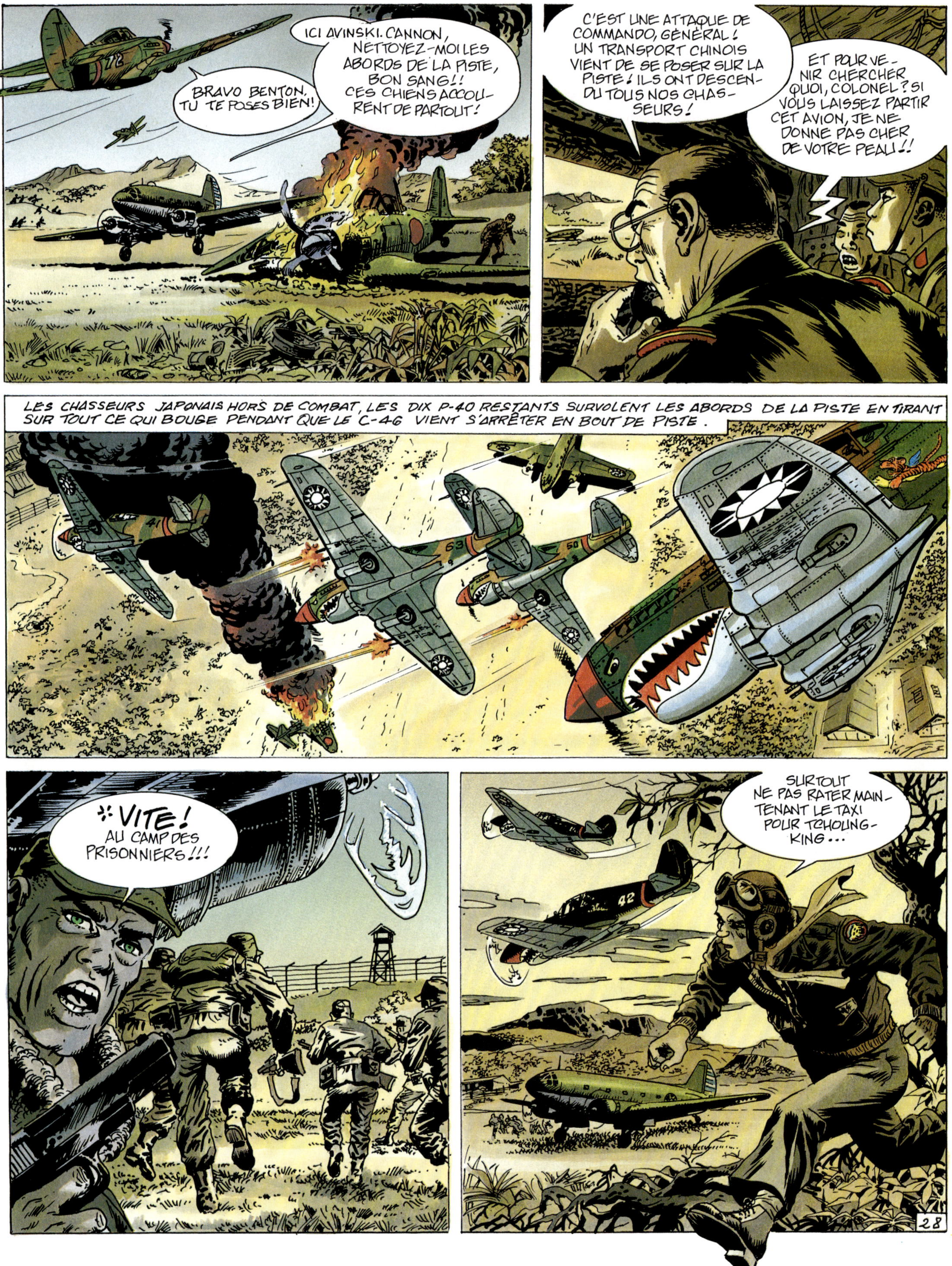
ICI AVINSKI. CANNON, NETTOYEZ-MOI LES ABORDS DE LA PISTE, BON SANG !! CES CHIENS ACCOURENT DE PARTOUT !
BRAVO BENTON. TU TE POSES BIEN !
C'EST UNE ATTAQUE DE COMMANDO, GÉNÉRAL ! UN TRANSPORT CHINOIS VIENT DE SE POSER SUR LA PISTE ! ILS ONT DESCENDU TOUS NOS CHASSEURS !
ET POUR VENIR CHERCHER QUOI, COLONEL ? SI VOUS LAISSEZ PARTIR CET AVION, JE NE DONNE PAS CHER DE VOTRE PEAU !!
LES CHASSEURS JAPONAIS HORS DE COMBAT, LES DIX P-40 RESTANTS SURVOLENT LES ABORDS DE LA PISTE EN TIRANT SUR TOUT CE QUI BOUGE PENDANT QUE LE C-46 VIENT S'ARRÊTER EN BOUT DE PISTE.
VITE ! AU CAMP DES PRISONNIERS !!!
SURTOUT NE PAS RATER MAINTENANT LE TAXI POUR TCHOUNG-KING...
28

BON DIEU!!
POOW
PAUL! REGARDE, HANCOCK EST DANS LE PÉTRIN SUR LA PISTE!
NOM DE... J'Y VAIS!
PILOT S. CANNON
QU'EST-CE QUE VOUS FAITES? RESTEZ ICI!!!
POUSSEZ-VOUS OU JE VOUS CASSE LA FIGURE! VU?!!!
J'AI JAMAIS ÉTÉ AUSSI HEUREUX DE TE VOIR, BENFORD... AÏE!
TIENS, FACE DE SINGE! ALLEZ, L'AMI, ON RENTRE AU BERCAIL. TU POURRAS REMERCIER CANNON QUI T'A VU...
JE FERAI UN RAPPORT, BENFORD, FAITES-MOI CONFIANCE!
FOUTEZ-MOI LA PAIX! VOUS NOUS AVEZ COLLÉ DANS CETTE MERDE POUR ALLER CHERCHER UN DES VÔTRES, HEIN? ALORS, JE NE LAISSERAI PAS UN POTE SUR LE CARREAU POUR VOUS FAIRE PLAISIR!!
P. BARTON
PAS DE QUARTIER! ON N'A PLUS QUE CINQ MINUTES!
29

AU BARAQUEMENT 4 ! VITE !!!
MAJOR BORIS KERENKO ? NOUS SOMMES VENUS VOUS DÉLIVRER !
C'EST... C'EST MOI... MAIS QUI ÊTES...
DES AMIS. ON VOUS EXPLIQUERA PLUS TARD !
UN AVION NOUS ATTEND. VOUS POURREZ TENIR JUSQU'À LA PISTE ?
JE... OUI...
BON SANG, ILS ONT RÉUSSI LEUR COUP... ET EN MOINS DE 10 MINUTES !!
ET MAINTENANT, ON COMPTE SUR VOUS, LES GARS, POUR NOUS RAMENER INTACTS À BON PORT !
SÛR, MON PETIT BARTON ! LE PREMIER ARRIVÉ COMMANDE LES WHISKY.
30

QUE C'EST BON DE RETROUVER UN VÉRITABLE HÉROS! STALINE LUI-MÊME T'ATTEND, CAMARADE KERENKO!
STALINE ?! MAIS POURQUOI... JE... ET MON PÈRE ?
C'EST EN PENSANT À LUI QUE NOTRE PETIT PÈRE DES PEUPLES A DONNÉ SON FEU VERT À CETTE OPÉRATION SECRÈTE QUAND IL A APPRIS QUE TU ÉTAIS VIVANT!
CET AVINSKY A L'AIR AUSSI NATUREL QU'UN SBIRE DE LA GPU...*
* GPU : POLICE SOVIÉTIQUE.
BANDITS EN VUE... À QUINZE HEURES...
LEADER À TOUT LE MONDE... EMPÊCHEZ-LES D'APPROCHER DU C-46...
HONORABLE LEADER, PLUS FACILE À DIRE QU'À FAIRE!
HOLÀ! C'EST AUTRE CHOSE QUE LE BON VIEUX DAKOTA, CE ZINC!
ATTENTION, MAJOR KERENKO, ACCROCHE-TOI! IL FAUT QU'ON TE RAMÈNE EN BON ÉTAT!!
J'Y COMPTE, COLONEL!
PILOT H. WOO
31

BON DIEU, FILONS D'ICI AVANT DE RAMENER NOTRE HÉROS TRANSFORMÉ EN PASSOIRE...
NON, ÇA VA... JE NE ME SENS PAS TROP MAL !
OBÉIS ! C'EST POUR TON BIEN !
ET VOILÀ ! QUAND TU TE RÉVEILLERAS, CAMARADE, NOUS SERONS DE RETOUR AU PAYS...
OUI... D'ACCORD... D'ACCORD...
CE MAJOR NE SERAIT PAS UN HÉROS, ON CROIRAIT QU'IL EST EN TRAIN DE SE FAIRE ENLEVER ! IL FAUDRA QUE J'EN PARLE À SCOTT !
ARRIVÉ À TCHOUNG-KING, LE P-40 DE SCOTT CANNON, DONT LE MOTEUR FUME, SE POSE EN URGENCE...
DU LARGE, LES GARS, J'AI UN TRUC QUI A DÉBORDÉ SUR LE FEU !
72
MISSION ACCOMPLIE, GÉNÉRAL ! LE HÉROS EST DE RETOUR... MAIS LOWELL EST MORT !
MERDE !... BRAVO QUAND-MÊME, SCOTT... ALLEZ, MONTEZ !!!
32

GÉNÉRAL, JE VOUS REND VOTRE APPAREIL. ET EN BON ÉTAT! JE DOIS DIRE QUE VOS PILOTES SONT DES MAÎTRES! ET JE SUIS DÉSOLÉ POUR CELUI QUI EST MORT...
MERCI, COLONEL. ON M'A DIT QUE VOUS AVIEZ RÉCUPÉRÉ VOTRE HOMME. NOUS NOUS VERRONS PLUS TARD CHEZ TCHANG.
ILS L'ONT DROGUÉ... J'AI VU UN JOUR UN FILM SUR LES PURGES DE 37 EN URSS, ET ÇA M'A RAPPELÉ PLUS UN ENLÈVEMENT DE LA POLICE QU'UN SAUVETAGE!...
VOUS N'EXAGÉREZ PAS UN PEU, PAUL?
GÉNÉRAL, SI ON DEMANDAIT À BARINE D'ALLER TRAÎNER VERS LEUR BARAQUEMENT? PERSONNE NE SAIT QU'IL PARLE RUSSE...
UNE HEURE PLUS TARD, BARINE ARRIVE À PIED D'OEUVRE...
PAR TOUS LES SAINTS, JE JURE DE NE PLUS JAMAIS VOLER UNE BOUTEILLE... MÊME D'EAU MINÉRALE...
PARFAIT, IL EST COMPLÈTEMENT À NOTRE MERCI.
QUAND IL REVERRA SON FILS, CE TRAÎTRE ACCEPTERA ENFIN DE SERVIR SON PAYS! DOMMAGE QUE CELA AIT COÛTÉ LA VIE À PLUSIEURS BONS SOLDATS...
AH! VOILÀ NOTRE VOLEUR DE WHISKY... ALORS?
JE... JE N'AI PAS PU TOUT ENTENDRE MAIS JE CROIS QUE CES CHIENS ROUGES SONT VENUS RECHERCHER LE MAJOR POUR OBLIGER SON PÈRE À FAIRE QUELQUE CHOSE... ILS PARLENT DE SON PÈRE COMME D'UN TRAÎTRE.
JE ME DOUTAIS QUE CETTE HISTOIRE N'ÉTAIT PAS CATHOLIQUE... PAS UN MOT DE TOUT ÇA, BARINE, HEIN ?!!
VOUS AVEZ UNE IDÉE, SCOTT?
UN MILITAIRE OU UN SAVANT A ÉTÉ MIS EN PRISON PUIS RESSORTI PAR STALINE APRÈS L'INVASION NAZIE POUR SERVIR DE FORCE SON PAYS. IL Y A PAS MAL DE BRUITS QUI COURENT LÀ-DESSUS DEPUIS QUELQUES MOIS. ET N'OUBLIEZ PAS QUE LES ROUGES AVAIENT DÉJÀ FAIT ÇA AVEC LES ANCIENS OFFICIERS TSARISTES IL Y A VINGT ANS...
33

ET LE PÈRE AYANT APPRIS LA SURVIE DE SON FILS A EXIGÉ SON RETOUR POUR COLLABORER. ÇA SE TIENT. QU'EST-CE QU'ON PEUT FAIRE ?
TENTER D'AVERTIR LE MAJOR. C'EST À LUI DE DÉCIDER !
LE PROBLÈME, C'EST QU'IL EST DANS LES BRAS DE MORPHÉE ET QUE LES SOVIETS PARTENT DEMAIN MATIN.
TROUVEZ UN MOYEN DE LES RETARDER, SCOTT. MOI, IL FAUT QUE J'AILLE CHEZ LE GRAND CHEF.
JE VAIS VOIR CE QUE JE PEUX FAIRE, GÉNÉRAL... ATTENDEZ, AVINSKY DOIT Y ALLER LUI AUSSI ?
OUI, IL VA SANS DOUTE REMERCIER TCHANG POUR SON AIDE ET VOIR AVEC LUI COMMENT IL VA LUI REFILER LES LINGOTS !
ÉCOUTEZ, GÉNÉRAL, SI TCHANG N'A PAS ENCORE TOUCHÉ SON OR, PEUT-ÊTRE POURRIEZ-VOUS LUI SUGGÉRER DE FAIRE...
EN FIN D'APRÈS-MIDI AU Q.G DE TCHANG-KAÏ-SHEK...
* QUOI ? VOUS AVEZ PERDU LA TÊTE, GÉNÉRAL !
DOMMAGE QUE SCOTT NE SOIT PAS LÀ POUR VOIR ÇA !
* MESUREZ VOS PAROLES ! J'AI TENU MA PART DE MARCHÉ ET CELA A MÊME COÛTÉ LA VIE D'UN VALEUREUX PILOTE. MAIS VOUS, QUI ME DIT QUE VOUS ALLEZ REVENIR AVEC L'OR PROMIS ? LE GÉNÉRAL CHENNAULT ASSURERA LA SÉCURITÉ DE VOTRE MAJOR ET DE CEUX DE VOS HOMMES QUI RESTERONT PENDANT QUE VOUS IREZ CHERCHER MES LINGOTS !
STALINE N'APPRÉCIERA PAS CE CHANTAGE !!
RIEN N'EST MOINS SÛR. IL N'EST PAS HOMME À PRENDRE DES RISQUES.
MON GARÇON, QUELQUE CHOSE ME DIT QUE VOUS AVEZ VU JUSTE. LE MAJOR RESTE ICI TANT QUE L'OR NE SERA PAS DANS LES COFFRES DE TCHANG. ON VA POUVOIR L'INTERROGER.
ET SURTOUT, LE PRÉVENIR. ET JE PENSE QU'IL SERA INTÉRESSANT DE SUIVRE LES CONVERSATIONS RADIO D'AVINSKY APRÈS SON DÉPART.
S. CANNON
34

JE SERAI DE RETOUR DANS TROIS JOURS. VOUS RÉPONDEZ DE LA SÉCURITÉ DE KERENKO SUR VOTRE TÊTE ! IL NE DOIS PAS OUVRIR L'ŒIL. ET PAS D'HISTOIRES AVEC LES CHINOIS.
COMPTEZ SUR MOI, COLONEL.
ALORS, PAUL ?
C'EST FAIT, LES TROIS CAISSES DE WHISKY SONT PLANQUÉES LÀ OÙ IL FAUT. TU AURAIS DÛ VOIR LA TÊTE À BARINE... HEUREUSEMENT QU'IL NE LES A PAS RENDUES TROP VITE À HAN.
PARFAIT. JE FILE À LA STATION. HARRY, À TOI DE JOUER !
HÉ TOI ! VA DIRE AU GÉNÉRAL HAN QUE NOUS AVONS RETROUVÉ LES CAISSES VOLÉES À SON AMI, CACHÉES DERRIÈRE LA BARAQUE DES RUSSES...
VITE ! J'ATTENDS LÀ-BAS.
BIEN Mr WOO.
RIEN POUR L'INSTANT.
ILS NE SONT PAS ENCORE ASSEZ HAUT. NOS AMIS NE VONT PAS TARDER À AVOIR DE LA VISITE...
LES CAISSES SONT TOUJOURS LÀ. ILS COMPTAIENT SANS DOUTE FAIRE LA FÊTE PENDANT L'ABSENCE DE LEUR CHEF.
LE GÉNÉRAL HAN VOUS REMERCIE. ALLEZ, ON EMBARQUE TOUT LE MONDE !
LAISSEZ CELUI QUI DORT. IL N'EST POUR RIEN LÀ-DEDANS.
ALLEZ ! VOUS VOUS EXPLIQUEREZ AVEC LE GÉNÉRAL HAN !
C'EST UN SCANDALE !... QU'EST-CE QUE VOUS NOUS VOULEZ ?
ÇA SUFFIT ! LE COLONEL A DIT : PAS D'HISTOIRES AVEC EUX. HÉ... NE RÉSISTEZ PAS !
VITE, HARRY. ON EMMÈNE LE MAJOR À L'INFIRMERIE.
35

VOILÀ NOTRE HOMME, DOC! IL FAUT NOUS LE RÉVEILLER DARE-DARE.
HÉ LÀ, DU CALME. JE FERAI CE QUE JE PEUX. JE DOIS FAIRE TRÈS ATTENTION SI VOUS NE VOULEZ PAS AVOIR UN LÉGUME AU RÉVEIL.
QUELQUES INSTANTS PLUS TARD...
ALORS?
HUM... AU MOINS DEUX HEURES, ET JE PRENDS UN RISQUE...
ESPÉRONS QUE LE GÉNÉRAL HAN SERA SUFFISAMMENT MAL LUNÉ POUR RETENIR LES AUTRES JUSQUE LÀ.
AU MÊME MOMENT...
ÇA Y EST, ILS ÉMETTENT! BARINE... À VOUS!
BRAVO SCOTT!
... OUI... OPÉRATION RÉUSSIE... ZZZZZZ KERENKO À TCHOUNG-KING... MAIS... TCHANG VEUT D'ABORD L'OR... ZZZZZ...
... JE... COMMENT? ZZZZZZ QU'EST-CE QUE VOUS...
VOUS EN ÊTES SÛR, BARINE?
OUI... OUI... MOSCOU A DIT QUE L'OPÉRATION ÉTAIT ANNULÉE CAR LE PÈRE DU MAJOR S'EST SUICIDÉ.
BON DIEU! ET CES SALAUDS ONT FAIT TUER UN DE MES GARS POUR RIEN!
L'IMMONDE TRAÎTRE! TOUT ÇA POUR RIEN!! ALLEZ, ON RENTRE!!
MAIS, COLONEL... ET NOS CAMARADES? ON LES ABANDONNE?!!
VOUS AVEZ ENVIE DE RETOURNER CHEZ CES DÉGÉNÉRÉS EN LEUR DISANT QU'ILS NE VERRONT PAS LA COULEUR DE LEUR OR? À MOSCOU... PAR STALINE!
36

HÉ, MAIS QU'EST-CE QUI VOUS PREND ?
CE SALAUD D'AVINSKY VA SE TIRER, MAINTENANT QUE LE MAJOR NE L'INTÉRESSE PLUS. IL NE VA PAS S'EN TIRER COMME ÇA !
SCOTT, QU'EST-CE QUI SE PASSE ?
LE RUSKI SORTIRA DES VAPES DANS DEUX HEURES ET...
ON VERRA ÇA PLUS TARD... EN TENUE ET ON DÉCOLLE ! VITE !
HALL
JE SAVAIS QUE CET AVINSKY ÉTAIT UN ENFOIRÉ ! SI JE L'AVAIS ÉCOUTÉ, HANCOCK AURAIT PRIS LA PLACE DE LEUR MAJOR DANS LES GEÔLES DES JAPS... OU PIRE.
EN LAISSANT DES SOLDATS QUI ONT RISQUÉ LEUR VIE ENTRE LES MAINS DE TCHANG... MAIS LE SAGE N'A-T-IL PAS TOUJOURS DIT QU'IL ÉTAIT DANGEREUX D'ÊTRE LE COMPAGNON DU CHACAL ?
ON ARRÊTE LÀ POUR LA PHILOSOPHIE, HARRY, OK ? ILS ONT À PEINE UNE DEMI-HEURE D'AVANCE MAIS ILS SONT TRÈS HAUT. ALORS N'OUBLIEZ PAS L'OXYGÈNE.
À TOUS, OBJECTIF EN VUE !
VOUS ALLEZ AVOIR UNE PETITE SURPRISE, COLONEL...
PILOT S. CANYON
COLONEL, ON A TROIS MERCENAIRES AMÉRICAINS AUX TROUSSES. LEUR CHEF VEUT VOUS PARLER TOUT DE SUITE. LE PROBLÈME, C'EST QUE...
QUOI ENCORE ?
IL APPELLE SUR LA FRÉQUENCE SPÉCIALE... JE NE COMPRENDS PAS COMMENT...
LES CHIENS ! ILS SAVAIENT DONC TOUT !!
LA FÊTE EST FINIE, AVINSKY. OU VOUS FAITES DEMI-TOUR, OU JE VOUS FAIS EXPÉDIER EN ENFER. ALORS ?
37

ON NE PEUT PAS S'ÉCHAPPER ?
ON A ATTEINT NOTRE PLAFOND MAXIMUM ET ILS SONT JUSTE DERRIÈRE NOUS. ET COMME ILS SONT DEUX FOIS PLUS RAPIDES, MÊME À CETTE ALTITUDE, C'EST DU SUICIDE !
DÉSOLÉ, COLONEL !
TRÈS BIEN, VOUS AVEZ GAGNÉ, NOUS FAISONS DEMI-TOUR !!
SAGE DÉCISION, COLONEL. ON NE DEVIENT PAS UN HÉROS DE L'UNION SOVIÉTIQUE EN SE FAISANT TUER DANS UNE OPÉRATION QUI N'EXISTE PAS...
STALINE NE VA PAS DU TOUT AIMER ÇA, COLONEL !
TAIS-TOI, IMBÉCILE !!!
AU PREMIER INCIDENT, VOUS FAITES FEU !
VOTRE AMI VIENT DE SE RÉVEILLER, C'EST LE DOCTEUR QUI M'ENVOIE.
SUPER ! ON VA ENFIN AVOIR LE FIN MOT DE L'HISTOIRE...
MERCI POUR CE QUE VOUS AVEZ FAIT, DOC. VOUS POUVEZ ATTENDRE UN INSTANT DEHORS ?
QU'EST-CE QUI M'EST ARRIVÉ ?
VOUS DEVRIEZ PLUTÔT DEMANDER QU'EST-CE QUI A FAILLI VOUS ARRIVER, MAJOR...
38

RETROUVER SON PAYS N'EST PAS UNE ÉPREUVE.
CHEZ LES SOVIETS, C'EST POURTANT SOUVENT LE CAS, MON VIEUX, VOUS DEVRIEZ LE SAVOIR !
C'EST BIEN QUE VOUS PARLIEZ ANGLAIS, CAR ÇA VA NOUS FACILITER LES CHOSES. MAJOR, ON A TOUTES LES RAISONS DE PENSER QUE LE COLONEL AVINSKY ÉTAIT VENU VOUS DÉLIVRER DES JAPONAIS POUR QUE VOUS SERVIEZ DE MONNAIE D'ÉCHANGE.
QUE FAISAIT VOTRE PÈRE ? SA SPÉCIALITÉ ?
"FAISAIT ? SERAIT-IL MORT ?!
JE... HEU... BON, JE SUIS DÉSOLÉ DE VOUS L'APPRENDRE COMME ÇA. ON A CAPTÉ UNE ÉMISSION RADIO D'AVINSKY... ALORS, VOTRE PÈRE ...
" MON PÈRE ÉTAIT UN DES PLUS ORIGINAUX CONCEPTEURS D'AVIONS DU PAYS. SA SPÉCIALITÉ ÉTAIT LES AILES VOLANTES ET IL ÉTAIT SÛR QUE C'ÉTAIT L'AVION DE L'AVENIR. COMME VOTRE JACK NORTHROP... MAIS QUAND JE SUIS PARTI ME BATTRE CONTRE LE JAPON, IL COMMENÇAIT À AVOIR DES PROBLÈMES AVEC L'ARMÉE ROUGE... "
QUEL GENRE DE PROBLÈMES.
LES CHEFS DE L'AVIATION NE CROYAIENT PAS DANS SES IDÉES ET VOULAIENT VOIR LES CRÉDITS QUI LUI ÉTAIENT ALLOUÉS TRANSFÉRÉS VERS L'ÉTUDE D'AVIONS PLUS... " NORMAUX "...
ET DE PLUS VOTRE PÈRE ÉTAIT RÉTICENT AU POUVOIR.
JE COMPRENDS RIEN À CETTE HISTOIRE. LE PÈRE DU MAJOR DEVAIT ÊTRE SUR LA TOUCHE AVEC CES ZINCS BIZARRES. ALORS POURQUOI PRENDRE SON FILS EN OTAGE ?
"L'ABSENCE D'UNE PETITE PIERRE IMPORTANTE EMPÊCHE QUELQUEFOIS DE MONTER TOUT L'ÉDIFICE". IL EST ÉVIDENT QUE LE COLONEL AVINSKY CONNAÎT CETTE PIERRE...
...ET QU'ON DEVRAIT LE CUISINER AVANT QU'IL NE TOMBE ENTRE LES MAINS DE NOTRE AMI TCHANG.
39

*ARRÊTEZ, ON A DEUX MOTS À DIRE AU COLONEL !
LE GÉNÉRAL TCHANG VEUT LE VOIR TOUT DE SUITE.
C'EST MOI QUI AI RAMENÉ CET HOMME ICI ET J'AI ORDRE DU GÉNÉRAL CHENNAULT DE LUI POSER QUELQUES QUESTIONS DE STRATÉGIE AÉRIENNE...
... APRÈS, JE VOUS LE LAISSE.
*DE STRATÉ... QUOI ? ALORS, JUSTE UNE MINUTE, HEIN ?!
D'ACCORD.
ON NE VA PAS TOURNER AUTOUR DU POT, COLONEL, CAR ON A PAS LE TEMPS. POURQUOI LE PÈRE DE KARENKO ÉTAIT UN TRAÎTRE ET POURQUOI...
BON, FEDOR KARENKO A ÉTÉ INTERNÉ FIN 1939 POUR COMPLOT CONTRE L'ÉTAT. MAIS MAINTENANT QUE LES NAZIS DÉFERLENT SUR LE PAYS, STALINE AVAIT DÉCIDÉ DE LE SORTIR DE SON CAMP À CONDITION QU'IL SE REMETTE À ÉTUDIER SES MAUDITES AILES VOLANTES. QUELQU'UN LUI A RÉVÉLÉ QUE SON FILS ÉTAIT VIVANT ET IL A EXIGÉ SON RETOUR CONTRE SA COLLABORATION. VOILÀ.
... ET PUIS, IL S'EST SUICIDÉ, OU ALORS UN TCHÉKISTE QUELCONQUE LUI A UN PEU TROP TAPÉ DESSUS... ET KERENKO QUI ÉTAIT SI FIER DE RENTRER DANS VOTRE PAYS DE SAUVAGES QUI NE VALENT PAS MIEUX QUE LES JAPS ! TCHANG VA APPRÉCIER... *
ALLEZ, MONTEZ !
HÉ, CANNON, VOUS ALLEZ M'AIDER, HEIN ?
LE GÉNÉRALISSIME EST TRÈS POINTILLEUX SUR LES HISTOIRES D'ARGENT... JE PRÉFÈRE NE PAS M'EN MÊLER...
MAINTENANT, VOUS ÊTES DANS LES MAINS DE L'ARMÉE CHINOISE.
QU'EST-CE QUE C'EST QUE... STRATÉGIE AÉRIENNE ?!
ÇA DÉPEND DES GENS, VOYEZ-VOUS, CAPITAINE. EN CE MOMENT, POUR LE COLONEL AVINSKY, IL SEMBLE QUE CE SOIT COMMENT SAUTER SANS PARACHUTE ET S'EN TIRER... SUR CE, JE DOIS VOUS QUITTER.
40

C'EST D'ACCORD, SCOTT, JE VAIS CONVAINCRE TCHANG D'ACCEPTER VOTRE PROPOSITION CONCERNANT CE FAMEUX MAJOR.
VOUS M'ATTENDEZ ICI, ÇA NE SERA PAS LONG.
SEIGNEUR, JE JURE QUE C'EST LE DERNIER PASSE-DROIT QUE JE DEMANDE. ENFIN, SAUF SI J'Y SUIS OBLIGÉ... FICHU PAYS.
À PEINE CHENNAULT EST-IL ENTRÉ QUE...
VOUS NE VOUS EN TIREREZ PAS COMME ÇA, BANDE DE PILOTES MERCENAIRES !
OUAIS, MERCENAIRES, MAIS HONNÊTES, AU MOINS...
PARDONNEZ-MOI, GÉNÉRALISSIME, MAIS VOUS N'Y PENSEZ PAS ! CE TYPE-LÀ S'EST MOQUÉ DE VOUS ET A FAIT TUER UN DE MES PILOTES POUR RIEN.
CHER CHENNAULT, ICI, C'EST MOI QUI COMMANDE. J'AI ACCÉDÉ À VOTRE DEMANDE CONCERNANT LE MAJOR ET JE FERAI VERSER UNE PRIME SPÉCIALE À LA FAMILLE DE VOTRE REGRETTÉ PILOTE. LE RESTE ME REGARDE, C'EST BIEN COMPRIS ?
TCHANG A PERDU LA TÊTE ! LAISSER REPARTIR CET AVINSKY COMME SI DE RIEN N'ÉTAIT. JAMAIS JE L'AI VU FAIRE...
MAIS AU MOINS, VOUS AVEZ OBTENU QUE LES RUSSES QUI VOUDRAIENT RESTER LE POURRAIENT. EN FIN DE COMPTE, C'EST LE PLUS IMPORTANT, NON ?
PEU APRÈS.
TOUS CEUX QUI NE RENTRERONT PAS SERONT CONSIDÉRÉS COMME DÉSERTEURS ET CONDAMNÉS À MORT PAR CONTUMACE !
JE NE RETIENS PERSONNE. PENSEZ SIMPLEMENT QU'ICI VOUS POURREZ CONTINUER AUSSI À LUTTER CONTRE DES ENNEMIS DE LA LIBERTÉ ALLIÉS DES NAZIS. LA DIFFÉRENCE, C'EST QU'IL N'Y AURA PAS DE POLICE POLITIQUE POUR VOUS SURVEILLER.
41

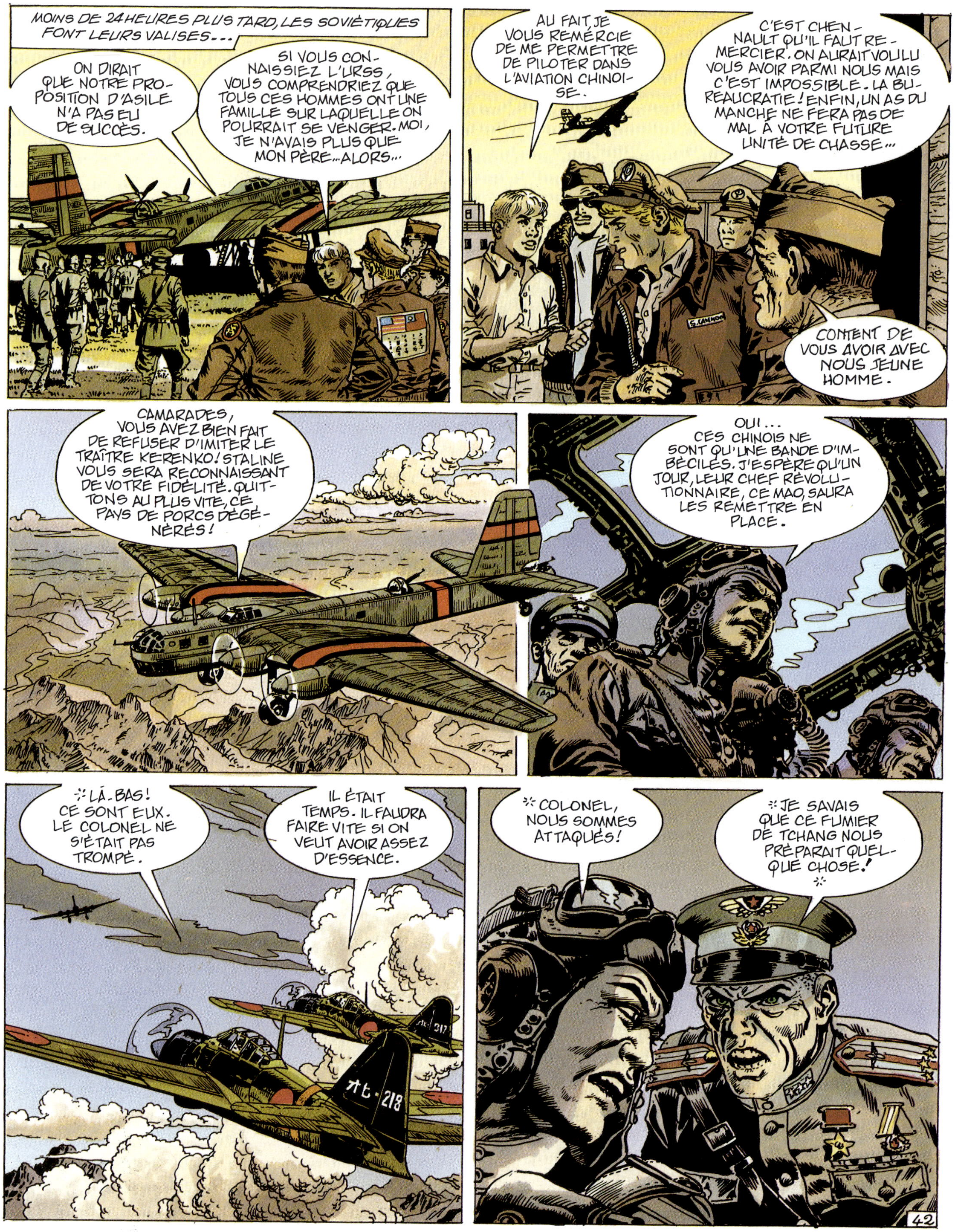
MOINS DE 24 HEURES PLUS TARD, LES SOVIÉTIQUES FONT LEURS VALISES...
ON DIRAIT QUE NOTRE PROPOSITION D'ASILE N'A PAS EU DE SUCCÈS.
SI VOUS CONNAISSIEZ L'URSS, VOUS COMPRENDRIEZ QUE TOUS CES HOMMES ONT UNE FAMILLE SUR LAQUELLE ON POURRAIT SE VENGER. MOI, JE N'AVAIS PLUS QUE MON PÈRE... ALORS...
AU FAIT, JE VOUS REMERCIE DE ME PERMETTRE DE PILOTER DANS L'AVIATION CHINOISE.
C'EST CHENNAULT QU'IL FAUT REMERCIER. ON AURAIT VOULU VOUS AVOIR PARMI NOUS MAIS C'EST IMPOSSIBLE. LA BUREAUCRATIE ! ENFIN, UN AS DU MANCHE NE FERA PAS DE MAL À VOTRE FUTURE UNITÉ DE CHASSE...
CONTENT DE VOUS AVOIR AVEC NOUS JEUNE HOMME.
CAMARADES, VOUS AVEZ BIEN FAIT DE REFUSER D'IMITER LE TRAÎTRE KERENKO ! STALINE VOUS SERA RECONNAISSANT DE VOTRE FIDÉLITÉ. QUITTONS AU PLUS VITE, CE PAYS DE PORCS DÉGÉNÉRÉS !
OUI... CES CHINOIS NE SONT QU'UNE BANDE D'IMBÉCILES. J'ESPÈRE QU'UN JOUR, LEUR CHEF RÉVOLUTIONNAIRE, CE MAO, SAURA LES REMETTRE EN PLACE.
LÀ-BAS ! CE SONT EUX. LE COLONEL NE S'ÉTAIT PAS TROMPÉ.
IL ÉTAIT TEMPS. IL FAUDRA FAIRE VITE SI ON VEUT AVOIR ASSEZ D'ESSENCE.
オヒ-218
COLONEL, NOUS SOMMES ATTAQUÉS !
JE SAVAIS QUE CE FUMIER DE TCHANG NOUS PRÉPARAIT QUELQUE CHOSE !
42

BANZAÏ!!
COLONEL, CE NE SONT PAS DES CHINOIS MAIS DEUX CHASSEURS JAPONAIS!
QUOI!... CES CHINOIS SONT ENCORE PLUS FOURBES QUE JE PENSAIS!
TIENS, PRENDS ENCORE ÇA EN SOUVENIR DE NOS CAMARADES!
COLONEL, MOTEUR DROIT EN FEU!
CE COUP-CI, IL EST MORT!
VIVE L'EMPEREUR!
ON EST FOUTUS!!
LES TRAÎ... AAAAHHH!!!
AINSI PRIT FIN L'EXPÉDITION AVINSKY. DANS LE CRASH DU "TB-3, L'ÉQUIPAGE ET LES 17 HOMMES DU COMMANDO RUSSE FURENT TUÉS.
KRAOUM!
43

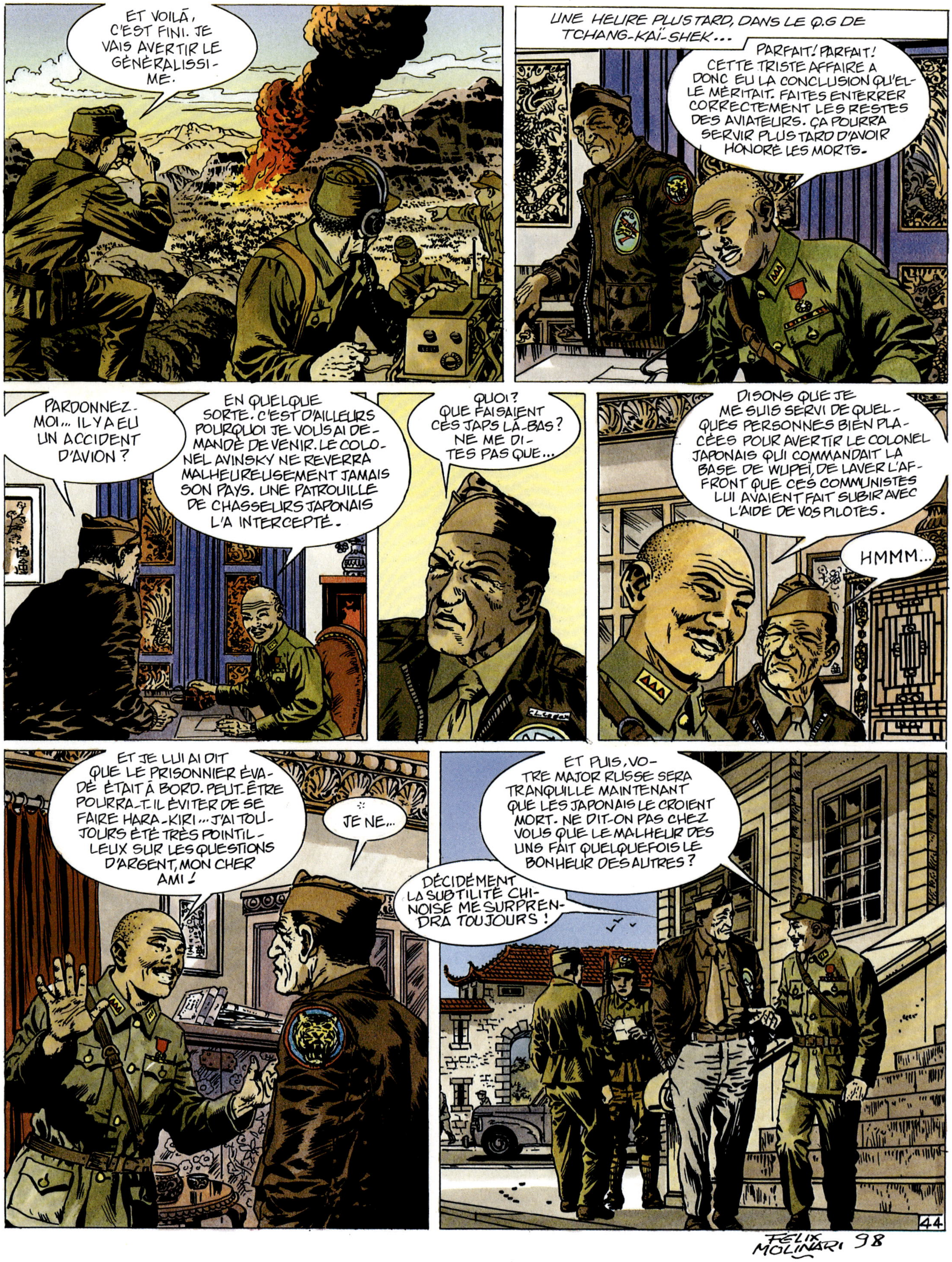
ET VOILÀ, C'EST FINI. JE VAIS AVERTIR LE GÉNÉRALISSIME.
UNE HEURE PLUS TARD, DANS LE Q.G DE TCHANG-KAÏ-SHEK...
PARFAIT! PARFAIT! CETTE TRISTE AFFAIRE A DONC EU LA CONCLUSION QU'ELLE MÉRITAIT. FAITES ENTERRER CORRECTEMENT LES RESTES DES AVIATEURS. ÇA POURRA SERVIR PLUS TARD D'AVOIR HONORÉ LES MORTS.
PARDONNEZ-MOI... IL Y A EU UN ACCIDENT D'AVION ?
EN QUELQUE SORTE. C'EST D'AILLEURS POURQUOI JE VOUS AI DEMANDÉ DE VENIR. LE COLONEL AVINSKY NE REVERRA MALHEUREUSEMENT JAMAIS SON PAYS. UNE PATROUILLE DE CHASSEURS JAPONAIS L'A INTERCEPTÉ.
QUOI? QUE FAISAIENT CES JAPS LÀ-BAS? NE ME DITES PAS QUE...
DISONS QUE JE ME SUIS SERVI DE QUELQUES PERSONNES BIEN PLACÉES POUR AVERTIR LE COLONEL JAPONAIS QUI COMMANDAIT LA BASE DE WUPEI, DE LAVER L'AFFRONT QUE CES COMMUNISTES LUI AVAIENT FAIT SUBIR AVEC L'AIDE DE VOS PILOTES.
HMMM...
ET JE LUI AI DIT QUE LE PRISONNIER ÉVADÉ ÉTAIT À BORD. PEUT-ÊTRE POURRA-T-IL ÉVITER DE SE FAIRE HARA-KIRI... J'AI TOUJOURS ÉTÉ TRÈS POINTILLEUX SUR LES QUESTIONS D'ARGENT, MON CHER AMI !
JE NE...
ET PUIS, VOTRE MAJOR RUSSE SERA TRANQUILLE MAINTENANT QUE LES JAPONAIS LE CROIENT MORT. NE DIT-ON PAS CHEZ VOUS QUE LE MALHEUR DES UNS FAIT QUELQUEFOIS LE BONHEUR DES AUTRES ?
DÉCIDÉMENT LA SUBTILITÉ CHINOISE ME SURPRENDRA TOUJOURS !
44
FÉLIX MOLINARI 98

© GÉRONIMO / NOLANE / MOLINARI
SOLEIL
Le Grand Hôtel, Place de la Liberté - 83000 Toulon
Téléphone : 04 94 18 51 85 - Fax : 04 94 62 30 21
Dépôt légal : juin 2000 - ISBN 2 - 87764 - 756 - 0
Tous droits de traduction, d'adaptation et de reproduction strictement réservés pour tous pays.

Conception Graphique : Laurent Arnaud pour Soleil
Photogravure : SMI - 83 La Garde
Produced in the E.C.
by ***Partenaires-Livres***® / cl
on SCA paper